QCM DE CULTURE GÉNÉRALE

SPÉCIAL FONCTION PUBLIQUE

Marie BERCHOUD
Benoît BERTHOU
Sophie CHAUTARD
Jean-François GUÉDON
Fabien LEMERCIER
François VARLIN

SOMMAIRE

INTRODUCTION

La culture générale, c'est *a priori* ce que tout le monde possède (au moins un peu) et aussi ce dont tout le monde manque. Est-ce un paradoxe ? Non. Une culture générale est en effet très personnelle d'une part, organisée en fonction de centres d'intérêts, et tout à fait collective d'autre part, en relation avec l'univers scolaire, universitaire et social.

Ce qu'on appelle « culture générale » est d'abord un ensemble de domaines directement issus de la division des savoirs en disciplines scolaires et universitaires : arts, lettres, sciences, histoire...

C'est également un point de vue sur le monde, des références privilégiées par rapport à d'autres : il est certain, par exemple, que nous avons mieux intégré les philosophes occidentaux que les philosophes orientaux dans notre culture générale.

Mais les très grandes œuvres de l'humanité (ce que l'Unesco appelle « patrimoine mondial ») sont universelles et échappent à cette distinction géopolitique : une grande découverte scientifique vaut pour l'humanité, de même qu'une œuvre d'art.

Enfin, la culture générale est un ensemble de savoir-faire : lecture, analyse, synthèse, compréhension, mise en relation de données avec un univers de référence... lequel est fait d'histoire et d'actualité, sans négliger l'un de ces deux termes.

Ce sont précisément ces savoir-faire qui vont vous aider à résoudre les questions de culture générale posées dans ce volume, ou plus généralement lors d'une épreuve de concours.

Comment ?

Pour bien réagir face aux questions de culture générale, il faut déjà situer la question dans un domaine, une époque, un type de problèmes ou de cas. C'est essentiel dans les questions d'histoire ou de géographie, mais pas seulement ; si une question porte sur une découverte scientifique, alors, il vous faut faire appel à vos connaissances du contexte et du problème. Ainsi n'est-il pas indifférent que la découverte de Galilée se soit produite dans le contexte d'effervescence intellectuelle et de reconsidération des faits et dogmes religieux du XVIe siècle.

Ensuite, il faut être en état de mobiliser ses connaissances, en procédant par éliminations et recoupements. Là, il est très important de se placer dans la vraisemblance : par exemple, à propos de chiffres, les ordres de grandeurs doivent vous guider ; ainsi éviterez-vous d'être dans l'absurdité. Par exemple : pour trouver le nombre d'habitants de l'Union européenne, il est important de dater cette question, puis de la rapporter à la population française avec sa soixantaine de millions d'habitants, pour éviter de faire l'erreur qui ridiculise (répondre par exemple que l'Union compte 40 millions d'habitants !).
La leçon à retenir de ce bref mode d'emploi est que le secret pour bien répondre aux questions de culture générale est de s'intéresser au monde qui nous entoure, en évitant de s'enfermer dans un seul domaine, fût-il passionnant.

Vous trouverez ci-après en cinq parties les grands thèmes de culture générale récurrents dans les concours de la fonction publique, à savoir : histoire ; géographie de la France ; sciences et techniques ; société, économie et politique ; arts et littérature. Pour chaque partie, 60 à 100 questions vous sont posées, auxquelles quatre réponses au choix sont proposées. Les réponses exactes se trouvent dans les pages suivantes.

Comment répondre aux questions ? Soit oralement, mais avec vérification immédiate (ne pas regarder la réponse aux questions suivantes !), soit par quelques notes écrites au crayon de papier sur le livre ou sur une feuille.

En parcourant cet ouvrage, vous trouverez, comme prévu, que telle question est facile, telle autre difficile, tel domaine aisé, tel autre ardu. Mais les opinions sur ces points sont très variables d'un lecteur à l'autre, car chacun s'est doté d'une culture générale avec des dominantes dans une discipline ou une autre. C'est pourquoi ce qui paraîtra facile à l'un sera difficile pour l'autre. Il s'agit maintenant de se tester, de prendre conscience du profil particulier de sa culture, puis de réaliser un équilibre.

A vous de jouer, et bonne chance !

PARTIE I

HISTOIRE

Questions

Réponses pages 29 et 30.

1. Où est apparu l'*Homo sapiens* ?
a) en Amérique latine
b) en Afrique
c) au Moyen-Orient
d) en Asie

2. Qu'arriva-t-il à la « croisade des enfants » ?
a) ils furent tués en route
b) ils furent vendus comme esclaves
c) ils rebroussèrent chemin
d) ils atteignirent Jérusalem

3. Quand eut lieu la bataille de Qadesh ?
a) en 1510 avant J.-C.
b) en 1338 avant J.-C.
c) en 1274 avant J.-C.
d) en 957 avant J.-C.

4. Dans quel pays la dictature fut-elle renversée par la révolution des Œillets ?
a) Espagne
b) Cuba
c) Portugal
d) Chili

5. Qui les guerres puniques opposèrent-elles ?
a) Rome et Carthage
b) Rome et Athènes
c) Athènes et Sparte
d) Rome et Sparte

6. Quand furent signés les accords de Maastricht ?
a) en 1962
b) en 1981
c) en 1992
d) en 1995

7. A quelle dynastie appartient l'empereur romain Marc Aurèle ?
a) les Vespasiens
b) les Antonins
c) les Julio-Claudiens
d) les Flaviens

8. Les « grandes purges » de Staline débutent avec :
a) « le procès des 16 »
b) « le procès des 17 »
c) « le procès des 21 »
d) l'exclusion de Trotski

9. Qu'est-ce que le Pentateuque ?
a) une partie de l'Ancien Testament
b) une partie du Nouveau Testament
c) les Psaumes
d) les Livres prophétiques

10. Qui étaient les *missi dominici* de Charlemagne ?
a) ses compagnons
b) les membres de sa famille
c) les membres du clergé
d) ses envoyés

11. Quand la religion musulmane fut-elle introduite en Inde ?
a) au VIIe siècle
b) au Xe siècle
c) au XIIe siècle
d) au XVIe siècle

12. Qui était Josip Broz ?
a) Lénine
b) Tito
c) Dubcek
d) Trotski

13. Lorsqu'il franchit le Rubicon, à qui Jules César déclara-t-il la guerre ?
a) Pompée
b) Antoine
c) Vercingétorix
d) Cléopâtre

14. Quand Charles Martel a-t-il battu les Arabes à Poitiers ?
a) en 632
b) en 722
c) en 732
d) en 792

15. Que proclament les lois de Nuremberg ?
a) la discrimination antisémite
b) le rétablissement de la peine de mort
c) la création des camps de concentration
d) la création des SS

16. Qu'est- ce que la Ligue hanséatique ?
a) une alliance entre la Russie et le Saint Empire romain germanique
b) une association commerciale en Baltique et mer du Nord
c) une alliance religieuse protestante
d) un pacte de défense entre l'Allemagne et la Hollande

17. De qui Pépin le Bref était-il le fils ?
a) Charlemagne
b) Carloman
c) Charles Martel
d) Pépin d'Héristal

18. En quelle année a eu lieu le Printemps de Prague ?
a) 1948
b) 1956
c) 1968
d) 1981

19. Quelle dynastie règne en Chine au XVe siècle ?
a) les Yuan
b) les Mandchous
c) les Qing
d) les Ming

20. Qui a dit : « *Tuez-les tous, Dieu reconnaîtra les siens !* » ?
a) Isabelle la Catholique
b) Simon de Montfort
c) Richard Cœur de Lion
d) Arnaud Amalric

21. Dans quel pays actuel vivaient les Aztèques ?
a) au Mexique
b) au Pérou
c) en Argentine
d) au Brésil

22. Qui est le ministre de la Condition féminine au début du septennat de Giscard d'Estaing ?
a) Simone Veil
b) Marie-France Garaud
c) Françoise Giroud
d) Edmonde Charles-Roux

23. De quel ouvrage célèbre Machiavel est-il l'auteur ?
a) *Le Roi*
b) *Le Sage*
c) *Le Prince*
d) *L'Etat*

24. Qui la guerre des Boers (1899-1902) a-t-elle opposé ?
a) colons sud-africains et Anglais
b) colons sud africains et Zoulous
c) Anglais et Zoulous
d) Anglais et Allemands

25. Qu'est-ce que *L'Invincible Armada* ?
a) la flotte espagnole
b) la flotte portugaise
c) la flotte britannique
d) la flotte turque

26. Qu'est-ce que le pacte Briand-Kellogg ?
a) un accord de défense franco-américain
b) un partage colonial franco-britannique
c) un accord de libre-échange franco-britannique
d) un accord de paix international

27. Qu'est-ce que l'édit de Nantes ?
a) l'abolition des privilèges
b) la liberté de culte pour les protestants
c) l'ordre de massacrer les protestants
d) la reconnaissance d'Henri IV comme roi légitime

28. Quand fut fondée la ville de Saint-Pétersbourg ?
a) en 1613
b) en 1653
c) en 1693
d) en 1703

29. Qui fut la seconde épouse de Louis XIV ?
a) Madame de Montespan
b) Madame de Sévigné
c) Madame de Maintenon
d) Madame de La Vallière

30. Qui est Cromwell ?
a) un homme politique anglais
b) un guerrier écossais
c) un des premiers présidents américains
d) un révolutionnaire irlandais

31. Quel dirigeant égyptien nationalisa le canal de Suez ?
a) Nasser
b) Sadate
c) Moubarak
d) Farouk

32. L'incendie de Rome, en 64 après J.-C., est le fait de quel empereur ?
a) Auguste
b) Néron
c) Trajan
d) Marc Aurèle

33. Qui n'a pas participé au « putsch des généraux », le 22 avril 1961, en faveur de l'Algérie française ?
a) Salan
b) Challe
c) Massu
d) Jouhaud

34. Quel Français célèbre participa à la guerre d'indépendance américaine ?

a) La Fayette
b) Talleyrand
c) Bernadotte
d) Murat

35. Quand fut proclamée la Déclaration des droits de l'homme ?

a) le 14 juillet 1789
b) le 2 août 1789
c) le 4 août 1789
d) le 26 août 1789

36. Qui a conquis le Pérou ?

a) Cortes
b) Mendoza
c) Pizarro
d) Bolivar

37. En quelle année fut exécutée la reine Marie-Antoinette ?

a) en 1791
b) en 1792
c) en 1793
d) en 1794

38. De quelle île des Caraïbes est originaire Joséphine de Beauharnais ?

a) la Guadeloupe
b) Saint-Domingue
c) la Martinique
d) Marie Galante

39. Qui a peint le célèbre tableau du couronnement de Napoléon ?

a) Franque
b) Delaroche
c) Detaille
d) David

40. Quel événement a déclenché la guerre du Vietnam ?

a) l'offensive du Têt
b) le massacre de My Lai
c) la chute de Diên Biên Phu
d) l'incident du golfe du Tonkin

41. Qui François Ier a-t-il vaincu à Marignan en 1515 ?

a) les Anglais
b) les Autrichiens
c) les Suisses
d) les Espagnols

42. Qui était Abd el-Kader ?

a) un sultan ottoman
b) un rebelle tchétchène
c) un chef de guerre algérien
d) un chef de guerre marocain

43. Où le révolutionnaire Che Guevara trouva-t-il la mort ?

a) à Cuba
b) en Equateur
c) en Bolivie
d) au Venezuela

44. Que conclut le traité d'Andrinople de 1829 ?

a) l'indépendance de la Grèce
b) l'indépendance de la Bulgarie
c) l'indépendance de la Serbie
d) l'indépendance de l'Arménie

45. En quoi consiste le traité de Lausanne ?
a) il modifie le sort de l'Allemagne
b) il démembre l'Autriche
c) il règle le sort de la Hongrie
d) il revoit les frontières de la Turquie

46. Quel général en chef dirigeait les sudistes lors de la guerre de Sécession ?
a) Sherman
b) Grant
c) Lee
d) Custer

47. Qui était le *shogun* au Japon ?
a) le prince héritier
b) le soldat
c) un chef militaire
d) le juge d'instruction

48. « L'affaire Stavisky » eut comme point de départ :
a) le Crédit municipal de Bayonne
b) les emprunts russes
c) *La Gazette du Franc*
d) le scandale des décorations

49. Quand la guerre d'Algérie a-t-elle été déclenchée ?
a) 1949
b) 1952
c) 1954
d) 1956

50. Quel écrivain français surnomma Napoléon III « le Petit » ?
a) Chateaubriand
b) Jules Verne
c) Victor Hugo
d) Verlaine

51. Qui est le fondateur de la Croix-Rouge ?
a) Pierre de Coubertin
b) Louis Braille
c) Henri Dunant
d) Victor Schœlcher

52. En quelle année eut lieu le naufrage du *Titanic* ?
a) 1908
b) 1810
c) 1912
d) 1914

53. Où est né le prophète Mahomet ?
a) à Jeddah
b) à La Mecque
c) à Medina
d) à Riyadh

54. Qu'est-ce que le décret *Nacht und Nebel* ?
a) la transformation de camps de concentration en camps d'extermination
b) l'organisation de la disparition des résistants
c) l'ordre d'invasion de la France libre
d) l'ordre de la rafle du Vel d'Hiv'

55. Quand fut proclamé le droit de grève en France ?
a) 1848
b) 1852
c) 1864
d) 1871

56. Quelle était la nationalité de l'astronome Copernic ?
a) hollandaise
b) polonaise
c) française
d) russe

57. Quel événement provoqua la guerre de 1914-1918 ?
a) la révolution bolchevique
b) le génocide arménien
c) la mort de l'empereur François-Joseph d'Autriche
d) l'attentat de Sarajevo

58. Qui fut le premier Premier ministre de l'Inde indépendante ?
a) Gandhi
b) Jinnah
c) Nehru
d) Rao

59. Quand eut lieu la bataille de Verdun ?
a) en 1914
b) en 1915
c) en 1916
d) en 1917

60. Qui est Kerenski ?
a) un général russe
b) un révolutionnaire bolchevique
c) le conseiller du tsar
d) le chef du gouvernement provisoire

61. Quel était le premier nom de New York ?
a) Big Apple
b) Fort Orange
c) New England
d) New Amsterdam

62. Quand l'Irlande accède-t-elle à l'indépendance ?
a) en 1914
b) en 1918
c) en 1921
d) en 1938

63. Quel est le nom actuel de l'ancien Dahomey ?
a) le Gabon
b) le Mali
c) le Bénin
d) la Somalie

64. Quels pays sont concernés par les accords de Latran ?
a) l'Italie et la France
b) l'Italie et l'Allemagne
c) l'Italie et le Vatican
d) l'Italie et l'Autriche

65. De quand date la chute de l'Empire romain ?
a) 395
b) 476
c) 732
d) 1453

66. Sur quelle période se déroule la Longue Marche en Chine ?
a) 1922-1925
b) 1934-1935
c) 1936-1938
d) 1934-1940

67. Lequel de ces révolutionnaires français ne fut pas guillotiné ?
a) George Danton
b) Camille Desmoulins
c) Louis Saint-Just
d) Paul Barras

68. Quand eut lieu le bombardement de Guernica ?
a) en 1931
b) en 1937
c) en 1939
d) en 1941

69. Qui réalisa le premier voyage autour de la Terre ?
a) Christophe Colomb
b) Magellan
c) Francis Drake
d) James Cook

70. Quel général fut surnommé le « Renard du désert » ?
a) Montgomery
b) Koenig
c) Rommel
d) Von Paulus

71. Qui fut le premier secrétaire général des Nations unies ?
a) Trygve Lie
b) Dag Hammarskjold
c) U Thant
d) Kurt Waldheim

72. Que signifie le mot russe *perestroïka* ?
a) « restructuration »
b) « transparence »
c) « évolution »
d) « conservatisme »

73. Quel roi a fait arrêter les Templiers et confisquer leurs biens ?
a) Henri IV
b) Philippe le Bel
c) Saint Louis
d) Philippe Auguste

74. Quelle est la première conséquence du Grand Bond en avant en Chine ?
a) la répression politique
b) l'affaiblissement du régime
c) l'ouverture sur l'Occident
d) la famine

75. Sous l'autorité de qui la démocratie est-elle apparue à Athènes, au Ve siècle avant J.-C. ?

a) Pisistrate
b) Clisthène
c) Périclès
d) Aristophane

76. En quelle année Martin Luther King prononça-t-il son discours « *I have a dream* » ?

a) 1958
b) 1963
c) 1968
d) 1973

77. En quelle année l'esclavage a-t-il été aboli dans les colonies françaises ?

a) 1789
b) 1848
c) 1871
d) 1905

78. Quelle était la fonction de Robert Schuman en 1951 ?

a) ministre français des Affaires étrangères
b) ministre belge des Affaires étrangères
c) diplomate allemand
d) diplomate hollandais

79. Sous le règne de quel tsar Raspoutine exerça-t-il son influence en Russie ?

a) Nicolas II
b) Pierre le Grand
c) Alexandre II
d) Alexandre III

80. En 1990 est libéré celui que l'on appelle « le prisonnier le plus célèbre du monde ». Qui est-ce ?
a) Vaclav Havel
b) Nelson Mandela
c) Alexandre Soljenitsyne
d) Rudolf Hess

81. Qui a fait bâtir les Invalides ?
a) Louis XIV
b) Louis XV
c) Napoléon Ier
d) Louis XVIII

82. Qui a dit : « *La garde meurt, mais ne se rend pas* » ?
a) Bernadotte
b) Murat
c) Cambronne
d) Napoléon Ier

83. Qu'est-ce que le Zollverein ?
a) une union douanière
b) un mouvement nationaliste
c) une doctrine politique
d) une doctrine militaire

84. Qu'appelle-t-on la monarchie de Juillet ?
a) le règne de Louis XVIII
b) le règne de Charles X
c) le règne de Louis-Philippe
d) le gouvernement provisoire de 1848

85. Quelle était la nationalité de Victor Schœlcher ?
a) française
b) suisse
c) allemande
d) hollandaise

86. Qu'est-ce que le nihilisme ?
a) un mouvement terroriste
b) un mouvement pacifiste
d) un mouvement monachiste
d) un mouvement écologiste

87. Qu'est-ce que la guerre de l'Opium ?
a) la prohibition aux Etats-Unis
b) la conquête des Indes
c) un conflit sino-britannique
d) la lutte contre la contrebande en Méditerranée

88. Qui fut surnommé Badinguet ?
a) Louis-Philippe
b) Jules Ferry
c) Louis-Napoléon Bonaparte
d) Victor Hugo

89. Qu'est-ce que l'incident de Fachoda ?
a) un différend colonial entre Français et Anglais
b) un différend colonial entre Français et Allemands
c) une grave altercation entre Français et Marocains
d) une grave altercation entre Italiens et Ethiopiens

90. Qui fonda le sionisme ?
a) le baron de Rothschild
b) Lord Balfour
c) Chaim Weizmann
d) Théodore Herzl

91. Qu'est-ce que l'Union sacrée ?
a) une alliance militaire franco-russe
b) une alliance politique franco-britannique
c) une alliance politique franco-italienne
d) une alliance des forces politiques françaises

92. Qui était Atatürk ?
a) le général Kassem
b) Moustafa Kemal
c) Gamal Abdel Nasser
d) Mossadegh

93. Qu'est-ce qui déclencha l'entrée en guerre des Etats-Unis en 1917 ?
a) l'attaque de la base américaine de Pearl Harbor
b) la guerre sous-marine à outrance
c) le torpillage du transatlantique britannique *Lusitania*
d) le désastre du Chemin des Dames

94. Combien de victimes fit la grippe espagnole de 1918 ?
a) 2 millions
b) 7 millions
c) 10 millions
d) 20 millions

95. Qu'est-ce que le plan Dawes ?
a) un prêt américain à l'Europe occidentale
b) un rééchelonnement des réparations allemandes
c) un prêt extérieur britannique
d) une extension du Commonwealth

96. Qu'est-ce que l'irrédentisme ?
a) l'opposition au fascisme
b) le nationalisme italien
c) la revendication de terres
d) le mouvement pacifiste italien

97. Qui succède à Andropov à la tête du PCUS ?
a) Leonid Brejnev
b) Constantin Tchernenko
c) Mikhail Gorbatchev
d) Boris Eltsine

98. Qui est Imre Nagy ?
a) un ministre polonais
b) un homme politique hongrois
c) un syndicaliste tchèque
d) un président yougoslave

99. Qu'est-ce que le Mouvement du 26 juillet ?
a) un mouvement révolutionnaire cubain
b) un parti politique péruvien
c) une organisation pacifiste mexicaine
d) un mouvement socialiste chilien

100. Qui est Abdullah Ocälan ?
a) un homme politique algérien
b) un fondamentaliste palestinien
c) un opposant chiite irakien
d) un rebelle kurde de Turquie

Réponses

1. c)
2. b)
3. c)
4. c)
5. a)
6. c)
7. b)
8. a)
9. a)
10. d)
11. c)
12. b)
13. a)
14. c)
15. a)
16. b)
17. c)
18. c)
19. d)
20. d)
21. a)
22. c)
23. c)
24. a)
25. a)
26. d)
27. b)
28. d)
29. c)
30. a)
31. a)
32. b)
33. c)
34. a)
35. d)
36. c)
37. c)
38. c)
39. d)
40. d)
41. c)
42. c)
43. c)
44. a)
45. d)
46. c)
47. c)
48. a)
49. c)
50. c)
51. c)

52. c)
53. b)
54. b)
55. c)
56. b)
57. d)
58. c)
59. c)
60. d)
61. d)
62. c)
63. c)
64. c)
65. a)
66. b)
67. d)
68. b)
69. b)
70. c)
71. a)
72. a)
73. b)
74. d)
75. c)
76. b)
77. b)
78. a)
79. a)
80. b)
81. a)
82. c)
83. a)
84. c)
85. a)
86. a)
87. c)
88. c)
89. a)
90. d)
91. d)
92. b)
93. b)
94. d)
95. b)
96. c)
97. b)
98. b)
99. a)
100. d)

PARTIE II

GÉOGRAPHIE DE LA FRANCE

Questions

Réponses pages 44 et 45.

1. A quel département appartient le numéro 23 d'une plaque minéralogique ?
a) la Creuse
b) l'Aveyron
c) le Cantal
d) l'Ardèche

2. Combien de chaînes de montagnes sont recensées en France ?
a) quatre
b) cinq
c) six
d) sept

3. Lequel de ces départements n'a pas de frontières avec la Suisse ?
a) le Doubs
b) l'Ain
c) le Jura
d) la Haute-Saône

4. Quel est le département français le moins peuplé ?
a) la Lozère
b) la Creuse
c) le Doubs
d) la Corse-du-Sud

5. Parmi ces îles, laquelle n'appartient pas à la France ?
a) Futuna
b) Bora Bora
c) Saint-Vincent
d) Pamandzi

6. Comment s'appelle la préfecture de l'île de Mayotte ?
a) Mata Hutu
b) Cayenne
c) Basse-Terre
d) Dzaouzi

7. A quelle altitude est situé le pic du Midi ?
a) 1 959 m
b) 2 859 m
c) 2 989 m
d) 3 079 m

8. Quel est le chef-lieu du département de l'Ain ?
a) Privas
b) Bourg-en-Bresse
c) Divonne-les-Bains
d) Villefranche-sur-Saône

9. Où se trouve le massif de l'Esterel ?
a) en Bretagne
b) en Savoie
c) le long de la Méditerranée
d) le long de la Manche

10. Le Touquet est une ville normande :
a) de la Côte fleurie
b) de la Côte d'Opale
c) de la Côte d'Albâtre
d) du pays de Caux

11. Dans quelle mer se trouve l'île Sainte-Marguerite ?
a) la Méditerranée
b) la Manche
c) la mer du Nord
d) l'Atlantique

12. Quelle est la distance maximale du nord au sud de la France ?
a) 743 km
b) 973 km
c) 1 093 km
d) 1 333 km

13. De quelle région Besançon est-elle la capitale ?
a) l'Auvergne
b) la Franche-Comté
c) le Centre
d) la Champagne-Ardenne

14. Quel département n'appartient pas à la région Centre-Val-de-Loire ?
a) le Loir-et-Cher
b) l'Eure-et-Loir
c) le Maine-et-Loire
d) l'Indre-et-Loire

15. Quel est le point le plus haut des Pyrénées ?
a) le mont du Canigou
b) le mont des Trois-Seigneurs
c) le Vignemale
d) le mont du Balaïtous

16. Combien y a-t-il de ponts et passerelles à Paris ?
a) 17
b) 21
c) 34
d) 42

17. Combien la France compte-t-elle de départements ?
a) 100
b) 125
c) 176
d) 200

18. Quelle est la plus longue artère parisienne ?
a) la rue de Vaugirard
b) la rue de Grenelle
c) l'avenue des Champs-Elysées
d) le boulevard Saint-Germain

19. Combien Paris compte-il d'habitants ?
a) 2,5 millions
b) 4,5 millions
c) 7,5 millions
d) 9,5 millions

20. Entre quels parallèles se trouve la France ?
a) entre le 35e et le 42^e^
b) entre le 40e et le 48^e^
c) entre le 42e et le 51^e^
d) entre le 50e et le 57^e^

21. Quelle surface de forêt recouvre le territoire français ?
a) 4 millions d'hectares
b) 7 millions d'hectares
c) 10 millions d'hectares
d) 15 millions d'hectares

22. Quel est le plus petit des départements français d'outre-mer ?
a) la Martinique
b) la Guyane
c) la Guadeloupe
d) la Réunion

23. Quel est le principal gisement de la Nouvelle-Calédonie ?
a) l'or
b) la bauxite
c) le nickel
d) l'uranium

24. Quel est le monument français le plus visité en France ?
a) le château de Versailles
b) la cathédrale Notre-Dame
c) le Mont-Saint-Michel
d) la tour Eiffel

25. Quelle est la distance de Paris à New York ?
a) 3 800 km
b) 4 800 km
c) 5 800 km
d) 6 800 km

26. Combien de langues régionales sont principalement enregistrées en France ?
a) 2
b) 4
c) 6
d) 8

27. Quel est le débit annuel moyen en m^3/seconde du Rhône ?
a) 450
b) 650
c) 1 000
d) 1 800

28. Sur quel DOM se trouve le Piton de la Fournaise ?
a) la Martinique
b) la Guyane
c) la Guadeloupe
d) la Réunion

29. Quelle superficie les terres agricoles occupent-elles en France ?

a) 22 %
b) 38 %
c) 42 %
d) 56 %

30. Quelle est la superficie de la Corse ?

a) 2 569 km^2
b) 4 589 km^2
c) 8 569 km^2
d) 10 589 km^2

31. Quelle ville ne fait pas partie du département de l'Aude ?

a) Castelnaudary
b) Carcassonne
c) Narbonne
d) Béziers

32. Quelle est la longueur du canal du Midi ?

a) 189 km
b) 241 km
c) 327 km
d) 401 km

33. Combien d'îles compte Paris ?

a) aucune
b) 1
c) 2
d) 3

34. Combien de kilomètres de littoral la France compte-t-elle ?
a) 5 500
b) 6 200
c) 4 800
d) 6 800

35. Qu'est-ce que la Grande Couronne d'Ile-de-France ?
a) les départements limitrophes de Paris
b) les départements d'Ile-de-France non limitrophes de Paris
c) tous les départements d'Ile-de-France
d) les départements encerclant l'Ile-de-France

36. Sur quels reliefs se trouve l'Aiguille verte ?
a) les Alpes
b) les Pyrénées
c) le Jura
d) les Vosges

37. Quel fleuve français prend sa source au Val d'Aran ?
a) le Rhône
b) la Seine
c) la Meuse
d) la Garonne

38. Combien de départements comprend le Limousin ?
a) 2
b) 3
c) 4
d) 5

39. Quelle est la longueur des Alpes ?
a) 270 km
b) 350 km
c) 490 km
d) 510 km

40. Où se trouve le parc du Mercantour sur le territoire français ?

a) à l'ouest du territoire
b) au sud-ouest
c) au centre
d) au sud-est

41. Dans quel massif se trouve le Puy de Sancy ?

a) le Jura
b) le Massif central
c) les Vosges
d) le Massif armoricain

42. Quelle est la superficie du Bassin parisien ?

a) 40 000 km^2
b) 80 000 km^2
c) 110 000 km^2
d) 140 000 km^2

43. Sur combien de départements français s'étend le Jura ?

a) 2
b) 6
c) 8
d) 10

44. Quelle est la superficie de la France ?

a) 237 304 km^2
b) 403 767 km^2
c) 551 602 km^2
d) 653 408 km^2

45. Où la Loire prend-elle sa source ?

a) au mont Gerbier-de-Jonc
b) au Val d'Aran
c) au plateau de Langres
d) à Aar-Gothard

46. Où passe l'autoroute A 75 ?
a) en Normandie, entre Caen et Deauville
b) en Loire-Atlantique, entre Nantes et Saint-Nazaire
c) dans le Nord, entre Lille et Calais
d) dans le Massif Central, entre Clermont-Ferrand et Béziers

47. De quel département la ville d'Alençon est-elle le chef-lieu ?
a) La Manche
b) la Calvados
c) l'Orne
d) l'Eure-et-Loir

48. Où sont enregistrées les températures les plus basses de France ?
a) dans le Jura
b) dans le Doubs
c) en Haute-Marne
d) dans les Vosges

49. Combien la France compte-t-elle (environ) de communes ?
a) 20 000
b) 26 000
c) 32 000
d) 36 000

50. Quel est le massif français le plus vaste ?
a) le Massif armoricain
b) les Vosges
c) le Massif Central
d) le Jura

51. Comment appelle-t-on les habitants de Neuilly-sur-Seine ?

a) les Neuilléens
b) les Neuliens
c) les Neuliants
d) les Neuillais

52. Quel fleuve sépare les villes normandes de Deauville et Trouville ?

a) l'Orne
b) la Touques
c) la Seine
d) la Vire

53. Parmi ces fleuves français, lequel est le plus long ?

a) la Garonne
b) la Loire
c) le Rhône
d) la Seine

54. Combien de touristes la France accueille-t-elle chaque année ?

a) 100 000
b) 500 000
c) 10 millions
d) 60 millions

55. Quelle île n'est pas rattachée administrativement à la Guadeloupe ?

a) Marie-Galante
b) Saint-Barthélemy
c) Les Saintes
d) les Grenadines

56. Comment appelle-t-on les habitants de Charleville-Mézières ?
a) les Carolomacériens
b) les Mézièrois
c) les Carolo-Mézièrois
d) les Charlevilliens

57. Quelle est la falaise la plus haute de France ?
a) Celle du « Nez de Jobourg »
b) Celle d'Etretat
c) Celle de Cap Canaille
d) Celle de Dieppe

58. Quelle température une source chaude telle que celles de Vernet-les-Bains, dans les Pyrénées-Orientales, atteint-elle au minimum ?
a) 22 °C
b) 28 °C
c) 33 °C
d) 38 °C

59. A quelle date remonte approximativement, selon les spécialistes, la dernière éruption du volcan du Puy de Dôme, situé dans le Massif Central ?
a) 8000 av. J.-C.
b) 5760 av. J.-C.
c) 320 av. J.-C.
d) l'an 210 de notre ère

60. Dans quel département se trouvent les célèbres grottes de Lascaux ?
a) en Dordogne
b) en Corrèze
c) dans le Lot
d) dans le Cantal

Réponses

1. a)
2. c)
3. d)
4. a)
5. c)
6. d)
7. b)
8. b)
9. c)
10. b)
11. a)
12. b)
13. b)
14. c)
15. c)
16. c)
17. a)
18. a)
19. d)
20. c)
21. d)
22. a)
23. c)
24. b)
25. c)
26. c)
27. d)
28. d)
29. d)
30. c)
31. d)
32. b)
33. c)
34. a)
35. b)
36. a)
37. d)
38. b)
39. b)
40. d)
41. b)
42. d)
43. b)
44. c)
45. a)
46. d)
47. c)
48. b)
49. d)
50. c)
51. a)

52. b)	55. d)	58. d)
53. b)	56. a)	59. b)
54. d)	57. c)	60. a)

PARTIE III

SCIENCES ET TECHNIQUES

Questions

Réponses pages 64 et 65.

1. Qui a inventé la chambre à air pour la roue ?
a) Goodyear
b) Thomson
c) Priesley
d) Macintosh

2. Qu'est ce qu'une photosynthèse ?
a) une vue photographique d'ensemble
b) l'utilisation de l'énergie solaire par les plantes
c) un ensemble de particules lumineuses
d) la méthode photographique permettant de mettre des textes sur film

3. Quel animal est femelle durant les premières années de sa vie, puis mâle jusqu'à sa mort ?
a) l'escargot
b) l'huître
c) la daurade
d) le mérou

4. Pour quelle invention Shockley, Brattain et Bardeen ont-ils reçu un prix Nobel de physique ?
a) le transistor
b) la télévision
c) la radio
d) le laser

5. Par qui fut effectué le premier vol en avion à moteur ?
a) Louis Blériot
b) Clément Ader
c) les frères Wright
d) Jean Mermoz

6. Qu'a inventé Alexander Graham Bell ?
a) le phonographe
b) le moteur électrique
c) la lampe à incandescence
d) le téléphone

7. Qui est l'inventeur du paratonnerre ?
a) Galvani
b) Franklin
c) Volta
d) Watt

8. La vitesse de la lumière est proche de :
a) 50 000 km/s
b) 150 000 km/s
c) 300 000 km/s
d) 1 000 000 km/s

9. Quelle est la vitesse de propagation du son, dans l'air et à 0 °C ?
a) 182 m/s
b) 331 m/s
c) 722 m/s
d) 988 m/s

10. Qui a calculé pour la première fois avec justesse la circonférence de la Terre (environ 40 000 kilomètres) ?
a) Galilée
b) Posidonius
c) Kepler
d) Eratosthène

11. Qui a élaboré la théorie du levier et demandait « *un point d'appui pour soulever le monde* » ?
a) Euclide
b) Archimède
c) Thalès
d) Pythagore

12. Quel est le fruit de l'érable ?
a) la faine
b) la samare
c) la gousse
d) le gland

13. Quel est le cri du geai ?
a) il jacasse
b) il croule
c) il ramage
d) il cajole

14. Le procédé de pasteurisation des aliments en vue de leur conservation implique de les chauffer à quelle température ?
a) 100 °C
b) moins de 100 °C
c) 120 °C
d) 200 °C

15. Qui a écrit *De l'origine des espèces par voie de sélection naturelle* ?
a) Linne
b) Buffon
c) Lamark
d) Darwin

16. Qu'a classé Mendeleïev ?
a) les végétaux
b) les éléments chimiques
c) les insectes
d) les mammifères

17. Qui a énoncé la théorie des quanta, base de la physique moderne ?
a) Einstein
b) De Broglie
c) Joliot
d) Planck

18. Lequel de ces arbres permet d'obtenir du caoutchouc ?
a) le baobab
b) le seringa
c) l'hévéa
d) le séquoia

19. Qui a démontré, grâce à un enregistrement sur papier, que la Terre tournait ?
a) Galilée
b) Copernic
c) Kepler
d) Foucault

20. Qui a découvert la pénicilline ?
a) Fleming
b) Trousseau
c) Schweitzer
d) Jenner

21. Parmi ces coléoptères, lequel est utile et non nuisible ?
a) le hanneton
b) la coccinelle
c) le charançon
d) la vrillette

22. Qu'est ce que l'aubier ?
a) une partie du tronc et des branches d'un arbre
b) l'allure d'un cheval qui galope et trotte à la fois
c) le sifflement de l'oiseau au lever du jour
d) un arbrisseau épineux aux fleurs blanches

23. Quel animal marin mou, de forme cylindrique, vit sur les rochers proches du rivage et capture ses proies avec ses tentacules ?
a) la méduse
b) la pieuvre
c) l'actinie
d) le bernard-l'ermite

24. Parmi ces animaux, lequel n'est pas un batracien ?
a) le triton
b) la couleuvre
c) le crapaud
d) la salamandre

25. Quel cri émet le sanglier ?
a) il gruine
b)il grogne
c) il grommelle
d) il mugit

26. L'héliciculture est l'élevage :
a) des huîtres
b) des abeilles
c) des escargots
d) des moules

27. Parmi ces animaux, lequel n'est pas un crustacé ?
a) la tortue
b) l'écrevisse
c) le cloporte
d) la langouste

28. Qui a mis en évidence l'inconscient collectif ?
a) Freud
b) Lacan
c) Jung
d) Adler

29. Outre le prix portant son nom, que doit-on au Suédois Nobel ?
a) le microphone
b) la dynamo
c) l'enregistreur de vitesse
d) la dynamite

30. Que réalisa le Français Appert en 1820 ?
a) la bascule
b) la bougie
c) la sirène
d) la conservation des aliments par stérilisation

31. De quel végétal la cacahouète est-elle la graine ?
a) du colza
b) du tournesol
c) du maïs
d) de l'arachide

32. Qui a inventé le baromètre ?
a) Amedeo Avogadro
b) Blaise Pascal
c) Taddeo Zuccaro
d) Evangelista Torricelli

33. Quelle étoile est surnommée l'étoile du Berger ?
a) Mars
b) Vénus
c) Mercure
d) Jupiter

34. Qui a découvert les globules rouges ?
a) Malpighi
b) Aselli
c) Eustachi
d) Van Leeuwenhoek

35. Quelle unité mesure l'intensité lumineuse ?
a) le weber
b) l'OHM
c) le pascal
d) la candela

36. Qu'est-ce qu'une solanacée ?
a) une bactérie
b) un petit batracien vivant en Amérique du Sud
c) une algue
d) une plante poussant dans les régions chaudes et tempérées

37. A qui doit-on l'invention du premier véhicule automobile ?
a) à Delamare-Bouteville
b) à Cugnot
c) à Daimler
d) à De Dion-Bouton

38. Comment s'appelle un polygone qui a sept angles et sept côtés ?
a) un heptagone
b) un hexagone
c) un pentagone
d) un octogone

39. Qui a inventé les lunettes bifocales pour améliorer la vue de près et de loin ?

a) Grosseteste
b) Bacon
c) Franklin
d) Fick

40. Laquelle de ces planètes est la plus éloignée du Soleil ?

a) Saturne
b) Jupiter
c) Pluton
d) Mars

41. Qui a découvert les groupes sanguins ?

a) Pavlov
b) Hopkins
c) Landsteiner
d) Bertrand

42. Qui a découvert l'eau de Javel ?

a) Javel
b) Berthollet
c) Monge
d) Lavoisier

43. Qui a inventé les bougies stéariques (à base de graisses animales) ?

a) Berthelot
b) Bertillon
c) Carnot
d) Chevreul

44. Qui a énoncé la théorie selon laquelle « *Rien ne se perd, rien ne se crée, tout se transforme* » ?
a) Lavoisier
b) Einstein
c) Edison
d) Morse

45. Quel scientifique a fait apparaître la notion d'hérédité ?
a) Darwin
b) Cochin
c) Mendel
d) Laennec

46. Quelle est la couleur du safre ?
a) blanc
b) jaune
c) rouge
d) bleu

47. Quel cri émet la mésange ?
a) elle zinzinule
b) elle cacabe
c) elle gazouille
d) elle grisolle

48. Le scorbut est dû à une insuffisance en quelle vitamine ?
a) A
b) B
c) C
d) D

49. Par qui a été réalisée la première transplantation cardiaque ?
a) Philip Blaiberg
b) Christian Barnard
c) Jonas Salk
d) Selman Waksman

50. Qu'a créé Lawson ?
a) la chaîne de bicyclette
b) le premier ascenseur
c) l'accumulateur
d) la serrure de sûreté

51. Qui a inventé le thermomètre avec le degré 0 comme point de congélation de l'eau ?
a) Celsius
b) Fahrenheit
c) Boyle
d) Allbutt

52. Par qui la théorie de la relativité a-t-elle été affirmée ?
a) Newton
b) Einstein
c) Mössbauer
d) Minkowski

53. Quel gaz n'appartient pas au groupe des cinq gaz dits rares ?
a) l'hélium
b) le krypton
c) le xenon
d) le méthane

54. Qui a établi la théorie complète de la circulation sanguine ?
a) Koch
b) Harvey
c) Yersin
d) Hansen

55. Quelle langue antique la « pierre de Rosette » a-t-elle permis de comprendre ?

a) l'égyptien
b) le persan
c) le sumérien
d) le babylonien

56. A qui appartenait la pomme qui conduisit à la découverte de l'attraction universelle ?

a) Adam
b) Tell
c) Newton
d) Paris

57. Qui a inventé la première machine à calculer ?

a) Leibtnitz
b) Hollerith
c) Eckert et Mauchly
d) Pascal

58. Le saule est utilisé pour la fabrication de quel type d'antalgique ?

a) le paracétamol
b) l'aspirine
c) l'ibuprofène
d) la codéine

59. A propos de quoi parle-t-on de stolon ?

a) de la pomme de terre
b) du framboisier
c) de l'iris
d) du fraisier

60. Qui a inventé la première pile électrique ?
a) Volta
b) Bunsen
c) Davy
d) Faraday

61. Qui a créé le phonographe ?
a) Maxwell
b) Goldmark
c) Edison
d) Berliner

62. Qui découvrit le nylon ?
a) Cross
b) Carothers
c) Brandenberger
d) de Chardonnet

63. Le taon est :
a) un oiseau à ocelles
b) un papillon
c) une mouche
d) une antilope

64. Que permet de faire un synchrotron ?
a) mesurer la radioactivité
b) accélérer les particules
c) mesurer le poids atomique d'un élément
d) compter les électrons

65. Qui a reçu un prix Nobel de physique, et huit ans plus tard un prix Nobel de chimie ?
a) Marie Curie
b) Enrico Fermi
c) Joseph Thomson
d) Werner Heisenberg

66. Quel âge a la Terre ?
a) 200 millions d'années
b) 560 millions d'années
c) 1,2 milliard d'années
d) 4,6 milliards d'années

67. Quel est l'arbuste dont les branches portent des épines ?
a) le groseillier à grappes
b) le cassis
c) le groseillier à maquereau
d) le houx

68. Où est né le premier alphabet connu ?
a) Babylone
b) Byblos
c) Athènes
d) Ougarit

69. Comment se nomme le contraire de la tachycardie ?
a) l'hypocardie
b) la dyscardie
c) la bradycardie
d) l'hypovolémie

70. Quelle était la profession d'Aloïs Alzheimer ?
a) biochimiste
b) psychiatre
c) neuropsychologue
d) généticien

71. Qu'a inventé Roland Moreno ?
a) le téléphone portable
b) la carte à puce
c) le téléphone sans fil
d) l'ADSL

72. Que signifient les lettres pH ?
a) potentiel hydraulique
b) potentiel hydrogène
c) population hydrogène
d) population hydrique

73. Qu'est ce que la conchyliculture ?
a) la culture des algues
b) la culture des coquillages
c) l'élevage des poissons en eau salée
d) l'élevage des poissons en eau douce

74. Que signifie le préfixe « téra » ?
a) 10^{3}
b) 10^{6}
c) 10^{12}
d) 10^{24}

75. Qui est René Dumont ?
a) un physicien
b) un mathématicien
c) un géographe
d) un agronome

76. Quelle est la durée de la gestation chez l'éléphant ?
a) 12 mois
b) 17 mois
c) 22 mois
d) 27 mois

77. En quelle année a été inventé le stéthoscope ?
a) 1816
b) 1828
c) 1835
d) 1854

78. Qu'est-ce que l'ichtyosaure ?

a) un reptile
b) un poisson
c) un mammifère
d) un oiseau

79. Qu'est-ce que le carpe ?

a) un poisson
b) une figure de danse
c) un muscle
d) un os

80. De quoi parle-t-on quand on utilise le mot « bryohpytes » ?

a) d'algues
b) de mousses
c) de champignons
d) de bactéries

Réponses

1. b)
2. b)
3. d)
4. a)
5. b)
6. d)
7. b)
8. c)
9. b)
10. d)
11. b)
12. b)
13. d)
14. b)
15. d)
16. b)
17. d)
18. c)
19. d)
20. a)
21. b)
22. a)
23. c)
24. b)
25. c)
26. c)
27. a)
28. c)
29. d)
30. d)
31. d)
32. d)
33. b)
34. a)
35. d)
36. d)
37. b)
38. a)
39. c)
40. c)
41. c)
42. b)
43. d)
44. a)
45. c)
46. d)
47. a)
48. c)
49. b)
50. a)
51. a)

52. b)

53. d)

54. b)

55. a)

56. c)

57. d)

58. b)

59. d)

60. a)

61. c)

62. b)

63. c)

64. b)

65. a)

66. d)

67. c)

68. d)

69. c)

70. b)

71. b)

72. b)

73. b)

74. c)

75. d)

76. c)

77. a)

78. a)

79. d)

80. b)

PARTIE IV

SOCIÉTÉ, ÉCONOMIE, POLITIQUE

Questions

Réponses pages 81 et 82.

1. En quelle année l'abbé Pierre lança-t-il son combat pour la défense des sans-abris ?
a) en 1950
b) en 1954
c) en 1956
d) en 1958

2. Entre 1946 et 1960, le baby-boom fait augmenter la population française de :
a) 10 millions de personnes
b) 12 millions de personnes
c) 15 millions de personnes
d) 18 millions de personnes

3. En quelle année la quatrième semaine de congés payés fut-elle octroyée aux salariés français ?
a) en 1969
b) en 1970
c) en 1979
d) en 1989

4. En quoi consistent les accords Matignon de 1936 ?
a) ils reconnaissent de l'exercice du droit syndical
b) ils marquent l'union entre communistes et socialistes
c) ils adoptent la semaine de 40 heures
d) ils constatent la fusion entre les syndicats CGT et CGTU

5. En quelle année fut abolie la peine de mort en France ?
a) 1958
b) 1975
c) 1981
d) 1984

6. En quelle année la France a-t-elle passé la barre des 10 % de chômeurs par rapport à la population active ?

a) en 1980
b) en 1985
c) en 1988
d) en 1990

7. Quand a pris fin la IIIe République française ?

a) en 1914
b) en 1918
c) en 1940
d) en 1945

8. Qui resta le plus longtemps Premier ministre de la Ve République française ?

a) Lionel Jospin
b) Raymond Barre
c) Georges Pompidou
d) Pierre Mauroy

9. L'une de ces personnalités n'a jamais occupé le poste de président de l'Assemblée nationale française. Laquelle ?

a) Philippe Séguin
b) Laurent Fabius
c) Henri Emmanuelli
d) Alain Juppé

10. Lequel de ces hommes politiques n'a jamais été ministre de l'Education nationale en France ?

a) François Bayrou
b) Lionel Jospin
c) Jean-Pierre Chevènement
d) Jacques Toubon

11. Quel ministre français démissionna au bout de dix jours, le 7 juillet 1988 ?
a) Bernard Tapie
b) Jean-Pierre Chevènement
c) Alain Carignon
d) Léon Schwartzenberg

12. Qui ne fut jamais ministre de l'Environnement en France ?
a) Ségolène Royal
b) Corinne Lepage
c) Michel Barnier
d) Michèle Alliot-Marie

13. Lequel de ces droits n'est pas une branche du droit public ?
a) le droit constitutionnel
b) le droit civil
c) le droit administratif
d) le droit européen

14. Quelle est la force juridique du droit européen ?
a) supérieure aux droits nationaux
b) inférieure aux droits nationaux
c) identique aux droits nationaux
d) il n'y a pas de hiérarchisation

15. Laquelle de ces autorités politiques n'est pas élue pour cinq ans au suffrage universel direct ?
a) le président de la République
b) les députés européens
c) les députés à l'Assemblée nationale
d) les sénateurs

16. Combien d'élections différentes y a-t-il en France ?

a) 6
b) 7
c) 8
d) 9

17. Combien de députés compte l'Assemblée nationale en 2004 ?

a) 491
b) 545
c) 577
d) 603

18. Qui est élu aux élections cantonales ?

a) les conseillers municipaux
b) les conseillers régionaux
c) les conseillers généraux
d) les sénateurs

19. Combien de membres compte le Conseil constitutionnel ?

a) 9
b) 15
c) 21
d) 33

20. En cas de vacance à la présidence de la République, qui assume les fonctions de président ?

a) le Premier ministre
b) le président du Conseil constitutionnel
c) le président du Sénat
d) le président de l'Assemblée nationale

21. Qui a dit : « *Je veux que les Français datent leur bonheur de l'institution des préfets* » ?

a) Napoléon Ier
b) Napoléon Bonaparte
c) Napoléon III

22. « *C'est un drapeau, plus une cuisinière !* » A propos de quelle institution employait-on cette formule ?

a) la Préfecture
b) l'Assemblée nationale
c) le Conseil d'Etat
d) le Conseil régional

23. De quand date notre Code pénal actuel ?

a) 1964
b) 1874
c) 1984
d) 1994

24. Quel est l'objet de la loi Veil du 15 janvier 1975 ?

a) la simplification des procédures de divorce
b) la légalisation de la contraception
c) la légalisation de l'avortement
d) le droit de vote des femmes

25. Quel était le but de la loi Falloux ?

a) interdire l'enseignement privé
b) autoriser l'enseignement privé
c) autoriser l'enseignement mixte
d) interdire l'enseignement mixte

26. De quand date, en France, la séparation de l'Eglise et de l'Etat ?

a) 1898
b) 1902
c) 1905
d) 1918

27. En quelle année ont été créés les départements ?

a) 1789
b) 1791
c) 1795
d) 1802

28. De quand date le droit de propriété littéraire et artistique ?

a) 1789
b) 1791
c) 1793
d) 1795

29. En quelle année a été rédigée la première Constitution française ?

a) 1789
b) 1791
c) 1793
d) 1795

30. « *La langue de la République est le français* ». Quand cette phrase est-elle apparue dans le texte de la Constitution ?

a) en 1946
b) en 1958
c) en 1975
d) en 1992

31. Combien de pays compte l'Union européenne en 2005 ?

a) 12
b) 15
c) 20
d) 25

32. PESC : que signifient ces initiales ?
a) Politique économique et sociale communautaire
b) Politique étrangère et de sécurité commune
c) Politique européenne sociale et culturelle

33. UEO : que signifient ces initiales ?
a) Union économique occidentale
b) Union des Etats de l'Ouest
c) Union de l'Europe occidentale

34. Que signifie le sigle IFOP ?
a) Instrument financier d'orientation de la pêche
b) Institut français de l'opinion publique
c) Institut financier pour les opérations privées
d) Institut français des œuvres philanthropiques

35. Quel économique a dit : « *A long terme nous serons tous morts* » ?
a) Ricardo
b) Mill
c) Stiglitz
d) Keynes

36. Qui peut durablement dépenser plus qu'il ne gagne ?
a) les banques
b) les entrepreneurs
c) l'Etat
d) les salariés

37. Quel théoricien a dit : « La propriété, c'est le vol » ?
a) Rousseau
b) Voltaire
c) Marx
d) Proudhon

38. De quel secteur la pêche fait-elle partie ?
a) primaire
b) secondaire
c) tertiaire

39. Quelle est l'activité agricole qui rapporte le plus à l'hectare ?
a) les céréales
b) la vigne
c) les arbres fruitiers
d) l'élevage

40. Quel est le premier exportateur européen, toutes marchandises confondues ?
a) la Grande-Bretagne
b) la France
c) l'Allemagne
d) l'Italie

41. A quel rang se situe la France pour les exportations de produits alimentaires ?
a) 1er
b) 2^{e}
c) 3^{e}
d) 4^{e}

42. Quel est le premier client de la France ?
a) les Etats-Unis
b) le Japon
c) l'Espagne
d) l'Allemagne

43. Quel est le premier secteur déficitaire français ?
a) l'agroalimentaire
b) les hydrocarbures
c) le textile
d) l'électronique

44. A combien de personnes s'élevait la population active française en 2002 ?

a) 26 680 000
b) 32 520 000
c) 36 840 000
d) 40 210 000

45. Combien la France compte-t-elle d'entreprises ?

a) 2 200 000
b) 2 300 000
c) 2 400 000
d) 2 500 000

46. Quel pourcentage des effectifs salariés est employé par les 1 000 plus grandes entreprises françaises ?

a) moins de 10 %
b) entre 10 et 25 %
c) entre 25 et 40 %
d) plus de 40 %

47. Quelle est la proportion du chiffre d'affaires total des entreprises françaises réalisé par les 1 000 plus grandes entreprises françaises ?

a) près de 40 %
b) près de 50 %
c) près de 60 %
d) près de 70 %

48. En France, combien d'entreprises se créent chaque année ?

a) environ 1 000
b) environ 10 000
c) environ 100 000
d) environ 200 000

49. Quelle société japonaise le constructeur automobile Renault a-t-il rachetée en 1999 ?
a) Toyota
b) Nissan
c) Honda
d) Mitsubishi

50. Quel est le bon classement (par ordre décroissant de puissance économique) ?
a) PMA, PED, NPI, PI, G8
b) PED, NPI, PMA, G8, PI
c) G8, PI, NPI, PED, PMA
d) G8, PI, PED, PMA, NPI

51. Lequel de ces critères n'est pas pris en compte dans le calcul de l'IDH (Indice de développement humain) ?
a) le taux de mortalité infantile
b) le PIB par habitant
c) l'espérance de vie à la naissance
d) le taux d'alphabétisation des adultes

52. Lequel de ces critères n'est pas pris en compte dans le calcul de l'Indicateur de pauvreté humaine ?
a) le taux d'analphabétisme
b) la probabilité à la naissance de décéder avant l'âge de 40 ans
c) l'accès à l'eau potable et aux services de santé
d) le PIB par habitant

53. Laquelle de ces institutions n'est pas dans le giron de l'ONU ?
a) la FAO
b) l'OMI
c) le FMI
d) l'OUA

54. Quels pays font partie de l'Alena ?
a) les Etats-Unis, le Canada et le Mexique
b) le Brésil, l'Argentine et le Paraguay
c) Panama, le Costa Rica et le Nicaragua
d) le Chili, le Pérou et l'Equateur

55. Qu'est-ce que le Mercosur ?
a) une alliance économique en Amérique du Sud
b) le marché mondial du mercure
c) le marché commun de l'Afrique orientale et du Sud
d) l'organisation du traité de l'Asie du Sud-Est

56. Quelle est la ville la plus chère du monde ?
a) Londres
b) Tokyo
c) New York
d) Paris

57. Quel pays attire le plus de touristes dans le monde ?
a) l'Italie
b) la France
c) l'Espagne
d) les Etats-Unis

58. A qui doit-on l'expression « tiers-monde » ?
a) Keynes
b) Sauvy
c) Stiglitz
d) Latouche

59. Qu'est-ce que le Nasdaq ?
a) un marché boursier
b) un organisme spatial
c) un minerai rare
d) un club d'investisseurs

60. Dans quel pays le français n'est-il pas la langue officielle ou administrative de fait ?

a) le Gabon
b) le Togo
c) le Bénin
d) le Maroc

Réponses

1. b)
2. c)
3. a)
4. a)
5. c)
6. b)
7. c)
8. c)
9. d)
10. d)
11. d)
12. d)
13. b)
14. a)
15. d)
16. b)
17. c)
18. c)
19. a)
20. c)
21. b)
22. a)
23. d)
24. b)
25. d)
26. c)
27. a)
28. c)
29. b)
30. d)
31. d)
32. b)
33. c)
34. a) et b)
35. d)
36. c)
37. d)
38. a)
39. b)
40. c)
41. a)
42. d)
43. b)
44. a)
45. c)
46. d)
47. c)
48. d)

49. b)

50. c)

51. a)

52. d)

53. d)

54. a)

55. a)

56. b)

57. b)

58. b)

59. a)

60. d)

PARTIE V

ARTS ET LITTÉRATURE

Questions

Réponses pages 104 et 105.

1. De quelle littérature le personnage de légende Gilgamesh est-il issu ?
a) sumérienne
b) turque
c) grecque
d) scandinave

2. Qui a écrit *Big Sur et les oranges de Jérôme Bosch* ?
a) Jack Kerouac
b) Henry Miller
c) Richard Brautigan
d) Burroughs

3. Lequel de ces romans ne fait pas partie de l'œuvre de Francis Scott Fitzgerald ?
a) *Tendre est la nuit*
b) *Gatsby le Magnifique*
c) *Le Dernier Nabab*
d) *Le soleil se lève aussi*

4. Quel architecte a construit les principaux bâtiments de la capitale du Brésil, Brasilia ?
a) Renzo Piano
b) Le Corbusier
c) Frank Lloyd Wright
d) Oscar Niemeyer

5. Qui a peint *L'Origine du monde* ?
a) Edgar Degas
b) Gustave Courbet
c) Ingres
d) Edouard Manet

6. Qui a été le premier à prendre une photographie aérienne ?

a) Nadar
b) Louis Daguerre
c) Nicephore Nièpce
d) Brassaï

7. Dans quel roman croise-t-on le personnage de l'abbé Faria ?

a) *Voyage au bout de la nuit*
b) *Le Comte de Monte-Cristo*
c) *Germinal*
d) *Le Rouge et le Noir*

8. Quel écrivain a écrit *Le Chat Murr* ?

a) Stefan Zweig
b) Hermann Hesse
c) E. T. A. Hoffmann
d) Thomas Mann

9. Dans l'*Iliade* d'Homère, qui commande l'armée grecque contre les Troyens ?

a) Ménélas
b) Hector
c) Achille
d) Agamemnon

10. Qui a peint *Guernica* ?

a) Picasso
b) Goya
c) El Greco
d) Velasquez

11. Qui a créé la Grande Arche de La Défense ?
a) Johan von Spreckelsen
b) Jean Nouvel
c) Roland Castro
d) Richard Rogers

12. Qui était le chef de file de l'art brut ?
a) Mark Rothko
b) Pablo Picasso
c) Jean Dubuffet
d) Fernand Léger

13. Qui a créé le mouvement Dada ?
a) André Breton
b) Tristan Tzara
c) Philippe Soupault
d) Louis Aragon

14. Lequel de ces ouvrages n'a pas été écrit par Salman Rushdie ?
a) *Les Versets sataniques*
b) *La Honte*
c) *Furie*
d) *La Puissance et la Gloire*

15. Qui a écrit *Le Théâtre et son double* ?
a) Antonin Artaud
b) Charles Baudelaire
c) Alfred Jarry
d) Paul Valéry

16. De quel roman Ferdinand Bardamu est-il le personnage principal ?
a) *Les Caves du Vatican* (André Gide)
b) *Voyage au bout de la nuit* (Louis-Ferdinand Céline)
c) *Les Travailleurs de la mer* (Victor Hugo)
d) *Bel-Ami* (Guy de Maupassant)

17. De quel handicap souffrait l'écrivain argentin Jorge Luis Borges ?
a) il était paralysé
b) il était sourd-muet
c) il était dyslexique
d) il était aveugle

18. Lequel de ces peintres a réalisé la première aquarelle abstraite ?
a) Gustav Klimt
b) Fernand Léger
c) Robert Delaunay
d) Wassily Kandinsky

19. « L'art pauvre » est un mouvement artistique :
a) africain
b) italien
c) tchécoslovaque
d) portugais

20. Qui était le peintre officiel de Napoléon Bonaparte ?
a) Géricault
b) David
c) Delacroix
d) Ingres

21. Quel auteur a créé le personnage d'Ivanhoé ?
a) Joseph Conrad
b) Walter Scott
c) Daniel Defoe
d) R. L. Stevenson

22. Qui a écrit les aventures d'Arsène Lupin ?
a) Gaston Leroux
b) Maurice Leblanc
c) Eugène Sue
d) Conan Doyle

23. Quel est l'auteur du *Conformiste* ?
a) Pier Paolo Pasolini
b) Dino Buzzati
c) Antonio Tabucchi
d) Alberto Moravia

24. Comment s'appelle le héros de *Crime et Châtiment* de Dostoïevski ?
a) Rogojine
b) Ivan Denissovitch
c) Raskolnikov
d) Boulgakov

25. Quelle statue de Rodin Camille Claudel a-t-elle aidé à sculpter ?
a) Balzac
b) Saint Jean-Baptiste
c) Les Bourgeois de Calais
d) La Porte de l'Enfer

26. Qui était présent à Arles quand Vincent Van Gogh se coupa l'oreille ?
a) Camille Seurat
b) Paul Gauguin
c) Georges Seurat
d) Joris-Karl Huysmans

27. A quel âge Wolfgang Amadeus Mozart composa-t-il son premier menuet ?
a) 4 ans
b) 7 ans
c) 10 ans
d) 16 ans

28. En quelle année la Tour Eiffel fut-elle inaugurée ?
a) 1850
b) 1889
c) 1900
d) 1920

29. Qui a écrit *Un, personne et cent mille* ?
a) Ionesco
b) Goldoni
c) Beckett
d) Pirandello

30. De quel pays Milan Kundera est-il originaire ?
a) Roumanie
b) Tchécoslovaquie
c) Bulgarie
d) Hongrie

31. Quel site antique n'est pas situé dans la région grecque du Péloponnèse ?
a) Cnossos
b) Mycènes
c) Epidaure
d) Olympie

32. Qui a construit à Marseille la « Maison du Fada » ?
a) Renzo Piano
b) Le Corbusier
c) Ricardo Bofill
d) Alvar Aalto

33. Lequel de ces artistes ne vivait pas à la même époque que les autres ?
a) Léonard de Vinci
b) Michel-Ange
c) Raphaël
d) Caravage

34. Lequel de ces ouvrages n'est pas d'Hermann Hesse ?
a) *Le Jeu des perles de verre*
b) *La Confusion des sentiments*
c) *Le Dernier Eté de Klingsor*
d) *Le Loup des steppes*

35. Quel personnage n'appartient pas aux *Misérables* de Victor Hugo ?
a) Gavroche
b) Javert
c) Esmeralda
d) Thénardier

36. Qui est l'auteur du poème commençant par « *Rappelle-toi, Barbara, il pleuvait sans cesse sur Brest ce jour-là...* » ?
a) René Char
b) Jacques Prévert
c) Paul Eluard
d) Louis Aragon

37. Quel artiste a emballé le Pont Neuf à Paris ?
a) Miro
b) Botero
c) Christo
d) Man Ray

38. Qui a composé l'opéra *Rigoletto* ?
a) Puccini
b) Rossini
c) Vivaldi
d) Verdi

39. Qui a peint *Les Fusillades du trois mai* ?
a) Goya
b) Turner
c) Fragonard
d) Delacroix

40. Quelle est la première femme à avoir obtenu le prix Nobel de littérature ?

a) Selma Lagerlöf
b) Toni Morrisson
c) Simone de Beauvoir
d) Grazia Deledda

41. Parmi ces auteurs, lequel a écrit le roman intitulé *Le Portrait de Dorian Gray* ?

a) D. H. Lawrence
b) Virginia Woolf
c) Oscar Wilde
d) Somerset Maugham

42. Lequel de ces romans n'a pas été écrit par Alexandre Dumas père ?

a) *Ange Pitou*
b) *La Dame aux camélias*
c) *Le Collier de la Reine*
d) *Vingt ans après*

43. Quel roman d'Ernest Hemingway a pour cadre la guerre d'Espagne ?

a) *Mort dans l'après-midi*
b) *L'Adieu aux armes*
c) *Le soleil se lève aussi*
d) *Pour qui sonne le glas*

44. Lequel de ces domaines a été influencé par l'école de Chicago ?

a) la peinture
b) la sculpture
c) l'architecture
d) la danse

45. Quelle maladie les peintres Renoir, Rubens et Dufy avaient-ils en commun ?
a) la tuberculose
b) la syphilis
c) la polyarthrite
d) l'hémophilie

46. Quelles circonstances entraînèrent la mort du compositeur français Jean-Baptiste Lully ?
a) il se blessa avec sa canne
b) il tomba dans la fosse de l'orchestre
c) il fut écrasé par un piano
d) il fut assassiné par un de ses musiciens

47. Ubu est un personnage tiré de l'œuvre de quel auteur ?
a) Alphonse Daudet
c) Eugène Ionesco
c) Alfred Jarry
d) Samuel Beckett

48. L'un de ces livres n'a pas été écrit par Arthur Koestler. Lequel ?
a) *Spartacus*
b) *Le Zéro et l'Infini*
c) *Croisade sans croix*
d) *Au-dessous du volcan*

49. Thérèse Desqueyroux est l'héroïne d'un roman de quel auteur ?
a) Hervé Bazin
b) François Mauriac
c) Henry de Montherlant
d) Guy de Maupassant

50. De quelle nationalité la cantatrice Maria Callas était-elle ?
a) italienne
b) grecque
c) américaine
d) suisse

51. Qui a exposé en 1917 un urinoir, baptisé *Fontaine* ?
a) Salvador Dali
b) Max Ernst
c) Picabia
d) Marcel Duchamp

52. Qui a composé *La Chevauchée des Walkyries* ?
a) Wagner
b) Strauss
c) Mahler
d) Beethoven

53. Qui était François-Marie Arouet ?
a) Villon
b) Diderot
c) Voltaire
d) La Fontaine

54. Quel écrivain colombien a obtenu le prix Nobel de littérature en 1982 ?
a) Alvaro Mutis
b) Octavio Paz
c) Gabriel Garcia Marquez
d) Adolfo Bioy Casares

55. Quelle est la première femme à avoir reçu le prix Goncourt ?
a) Simone de Beauvoir
b) Béatrix Beck
c) Marguerite Duras
d) Elsa Triolet

56. Parmi ces romans, lequel n'a pas été écrit par Umberto Eco ?
a) *Le Pendule de Foucault*
b) *Le Bel Eté*
c) *Le Nom de la rose*
d) *L'Ile du premier jour*

57. Dans quelle île Paul Gauguin est-il mort ?
a) Ile de Ré
b) Tahiti
c) Les Marquises
d) Ile Maurice

58. Qui a peint *Le Radeau de la Méduse* ?
a) Géricault
b) Matisse
c) Delacroix
d) Ingres

59. Qui a sculpté les « Nanas » cracheuses d'eau de la fontaine située place Stravinski, près de Beaubourg, à Paris ?
a) Botero
b) Niki de Saint-Phalle
c) Brancusi
d) César

60. Quel roman de Marcel Proust ne fait pas partie du cycle *A la recherche du temps perdu* ?

a) *Sodome et Gomorrhe*
b) *A l'ombre des jeunes filles en fleur*
c) *Les Jeunes Filles*
d) *Du côté de Guermantes*

61. A quel écrivain égyptien fut attribué le prix Nobel de littérature en 1988 ?

a) Albert Cossery
b) Rachid Mimouni
c) Amin Maalouf
d) Naguîb Mahfouz

62. Qui a écrit *La Sonate à Kreutzer* ?

a) Gogol
b) Gorki
c) Tolstoï
d) Tourgueniev

63. A quel romancier doit-on le personnage de Frédéric Moreau ?

a) Gustave Flaubert
b) Stendhal
c) Théophile Gautier
d) Victor Hugo

64. Quel tableau de Léonard de Vinci fut « psychanalysé » par Sigmund Freud ?

a) la Joconde
b) Sainte Anne, la Vierge et l'Enfant Jésus
c) la Cène
d) la Vierge aux Rochers

65. Quel est le représentant le plus connu, mort en 1989, du mouvement des « graffitistes » ?
a) Andy Warhol
b) Ben
c) Jean-Michel Basquiat
d) Julian Schnabel

66. Quel architecte a conçu la Pyramide du Louvre ?
a) Ricardo Bofill
b) Georges Prieto
c) Ieoh Ming Pei
d) Jean Nouvel

67. Quel écrivain français fut fusillé pour collaboration à la fin de la Seconde Guerre mondiale ?
a) Robert Brasillach
b) Charles Maurras
c) Pierre Drieu La Rochelle
d) Paul Morand

68. Qui a écrit « *Ce siècle avait deux ans, Rome remplaçait Sparte, déjà Napoléon perçait sous Bonaparte* » ?
a) Chateaubriand
b) Alfred de Vigny
c) Victor Hugo
d) Lamartine

69. Quelle femme partageait la vie du pianiste et compositeur Frédéric Chopin ?
a) Berthe Morisot
b) Colette
c) Hélène Diakonoff, dite Gala
d) George Sand

70. Combien de symphonies Beethoven composa-t-il ?
a) 5
b) 9
c) 12
d) 22

71. Qui a écrit le *Manifeste futuriste* ?
a) Marcel Duchamp
b) Filippo Marinetti
c) Wassily Kandinsky
d) Pablo Picasso

72. Boris Vian fit publier *J'irai cracher sur vos tombes* sous le pseudonyme de :
a) Vernon Sullivan
b) Dan Kavanagh
c) David Goodis
d) Michel Zévaco

73. Quel écrivain américain a écrit *Un tramway nommé Désir* ?
a) John Irving
b) William Styron
c) Tennessee Williams
d) Carson Mc Cullers

74. Qui a écrit la pièce de théâtre *Docteur Faust* ?
a) Goethe
b) Schiller
c) Marlowe
d) Dante

75. Le peintre El Greco vécut et mourut à :
a) Tolède
b) Florence
c) Athènes
d) Paris

76. Qui a sculpté la fontaine des Quatre Fleuves au centre de la célèbre Piazza Navona de Rome ?

a) Della Valle
b) Michel-Ange
c) Bernin
d) Borromini

77. Qui a écrit *Docteur Jekkyl et Mister Hyde* ?

a) Daniel Defoe
b) R. L. Stevenson
c) William Blake
d) Rudyard Kipling

78. Qui a écrit *Le Docteur Jivago* ?

a) Michel Boulgakov
b) Anton Tchekov
c) Boris Pasternak
d) Nina Berberova

79. Lequel de ces tableaux n'a pas été peint par Gustav Klimt ?

a) *Danaé*
b) *le Baiser*
c) *Judith et Holopherne*
d) *Girafes en feu*

80. Qui a composé le *Sacre du printemps* ?

a) Stravinski
b) Chostakovitch
c) Prokofiev
d) Rachmaninov

81. Parmi les Sept Merveilles du monde, laquelle fut détruite par un incendie ?
a) le colosse de Rhodes
b) le phare d'Alexandrie
c) le Mausolée d'Halicarnasse
d) la statue de Zeus Olympien

82. Une basilique est à l'origine :
a) une église de pèlerinage
b) un temple
c) un lieu où l'on rend la justice
d) un sanctuaire dédié à saint Basile

83. Qui a ordonné la première construction du Temple de Jérusalem ?
a) Hérode
b) David
c) Salomon
d) Ponce Pilate

84. Sur quel support une icône est-elle exécutée ?
a) sur bois
b) sur toile
c) sur pierre
d) sur métal

85. Qu'est-ce qu'une vanité ?
a) un miroir de toilette
b) une parure de bijoux
c) une représentation allégorique
d) un meuble précieux

86. Que signifie le terme « baroque » ?
a) exubérance
b) perle de forme irrégulière
c) dévoiement des formes
d) débauche

87. Qui a découvert les lois de la perspective ?
a) Brunelleschi
b) Leon Battista Alberti
c) Dürer
d) Piero della Francesca

88. Que signifie la désignation « primitif » en peinture ?
a) une technique rudimentaire
b) des sujets inhabituels
c) une œuvre de jeunesse
d) une époque antérieure à la Renaissance

89. Dans quelle forme poétique sont écrits les fabliaux ?
a) en alexandrins
b) en vers libres
c) en octosyllabes
d) en prose

90. Selon Hugo…
a) « *Le beau n'a qu'un type ; le laid en a mille.* »
b) « *La vérité est vaine ; l'erreur nous renseigne.* »
c) « *Le théâtre est réel ; le réel aspire à devenir théâtre.* »
d) « *L'illusion est partout ; la scène est son royaume.* »

91. Quel promenoir de cabaret Manet a-t-il peint ?
a) celui du Moulin Rouge
b) celui du Lido
c) celui des Folies-Bergères
d) celui de l'Alcazar

92. Parmi ces quatre artistes, lequel appartient à l'école maniériste ?
a) Michel-Ange
b) Antonio da Sangallo, le Jeune
c) Antonio da Sangallo, l'Ancien
d) Donatello

93. Quel célèbre dieu Hercule rencontre-t-il au cours de ses douze travaux ?

a) Atlas
b) Poséidon
c) Cronos
d) Hadès

94. Quelle est la situation de l'homme sans dieu selon Pascal ?

a) il est dans l'erreur
b) il est misérable
c) il est hérétique
d) il est idiot

95. Lequel de ces éléments du mobilier urbain parisien n'a pas été initié par Haussmann ?

a) les colonnes Morris
b) les bancs
c) les kiosques à journaux
d) les stations du métro

96. Dans *Les Misérables*, que vend Fantine pour subvenir aux besoins de sa fille Cosette ?

a) sa maison
b) son corps
c) ses dents
d) son âme

97. Qui a peint une série de tableaux sur la cathédrale de Rouen ?

a) Gustave Moreau
b) Paul Cézanne
c) Claude Monet
d) Alfred Sisley

98. Dans quel genre s'illustre le poète Racan ?
a) l'épopée
b) l'éloge
c) la satire
d) la pastorale

99. Quel écrivain s'oppose aux précieux ?
a) Paul Scarron
b) Vincent Voiture
c) Clément Marot
d) Pierre Corneille

100. Quelle est la voix féminine la plus aigüe à l'opéra ?
a) contralto
b) spinto
c) sfogato
d) soprano

Réponses

1. a)
2. b)
3. d)
4. d)
5. b)
6. a)
7. b)
8. c)
9. d)
10. a)
11. a)
12. c)
13. b)
14. d)
15. a)
16. b)
17. d)
18. d)
19. b)
20. b)
21. b)
22. b)
23. d)
24. c)
25. d)
26. b)
27. a)
28. b)
29. d)
30. b)
31. a)
32. b)
33. d)
34. b)
35. c)
36. b)
37. c)
38. d)
39. a)
40. a)
41. c)
42. b)
43. d)
44. c)
45. c)
46. a)
47. c)
48. d)
49. b)
50. b)
51. d)
52. a)
53. c)
54. c)

55. d)
56. b)
57. c)
58. a)
59. b)
60. c)
61. d)
62. c)
63. a)
64. b)
65. c)
66. c)
67. a)
68. c)
69. d)
70. b)
71. b)
72. a)
73. c)
74. c)
75. a)
76. c)
77. b)
78. c)
79. d)
80. a)
81. d)
82. c)
83. c)
84. a)
85. c)
86. b)
87. a)
88. d)
89. c)
90. a)
91. c)
92. a)
93. a)
94. b)
95. d)
96. c)
97. c)
98. d)
99. a)
100. c)

CONCLUSION

Vous avez pu, à travers ces 400 questions, prendre un contact direct et personnel avec ce qu'on appelle la culture générale, qui regroupe un ensemble de savoirs dans les principales disciplines.
La culture générale fait appel à des connaissances mais également à des capacités personnelles de réflexion et de réaction. Dans un oral, en particulier, on vous pardonnera de ne pas connaître la réponse exacte à une question si vous montrez que vous êtes apte à trouver le chemin vers la bonne réponse, à vous approcher de cette réponse par déduction.
Alors, pour se perfectionner en culture générale, il faut d'une part lire, écouter, regarder tout ce qui peut apprendre du nouveau et intégrer ces savoirs dans un univers personnel afin qu'ils ne demeurent pas extérieurs, donc lettre morte.
D'autre part, il faut développer de la curiosité envers le monde, les gens, les pays, les objets, les problèmes.

A faire

Etablir son bilan personnel

Pour établir votre bilan de savoirs dans les différents domaines, répondez à toutes les questions de ce livre puis remplissez le tableau suivant. Cela vous donnera une idée de votre niveau dans chaque thème, et donc des domaines à travailler tout particulièrement.

Domaine	Nombre de bonnes réponses	Nombre total de questions
Histoire		100
Géographie de la France		60
Sciences et techniques		80
Société, économie, politique		60
Arts et littérature		100

Utiliser tous les moyens de s'améliorer

Il faut lire, bien sûr, mais pas seulement...

Pour les savoirs

• La lecture n'est fructueuse que si elle n'est pas une punition. Sinon, évitez : la punition serait double, s'ennuyer mortellement et ne rien apprendre de plus.
Dans les livres, il y a de tout, de l'histoire, la musique ou la littérature en BD, aux petits bouquins de poches, aux encyclopédies et dictionnaires... Choisissez ce qui vous parle. Pensez aussi aux trouvailles inattendues : par exemple, dans le nouveau Petit Larousse, vous trouverez des encarts de synthèse sur l'Europe (histoire, institutions...), la monnaie depuis l'Antiquité, les fêtes dans le monde, les noms des plus grands savants, etc.

• La télévision et internet vous donnent accès à bien des savoirs. A vous de les mettre en ordre, de les situer dans un ensemble : des informations recueillies sur un savant, un artiste, une découverte ne deviennent des savoirs que lorsqu'elles sont placées dans leur contexte, dans une chronologie, et relativement à un ou des problèmes à résoudre, qu'ils soient de physique, de médecine ou tout simplement (si on peut dire) qu'ils touchent à l'existence humaine. Sinon, cette « cueillette » sur internet et à la télé reste un amas de bricoles, un bric-à-brac culturel.

En fait, les savoirs ne sont rien tout seuls. Et c'est à chacun de nous de leur redonner de la vie par ses compétences propres : lire, comprendre, situer dans un domaine, relier à d'autres savoirs, avoir envie d'approfondir. Oui, l'intérêt pour un sujet est une compétence et celui qui ne s'intéresse à rien ou à peu de choses a en lui bien peu de vie... Mais ce n'est certainement pas le cas des lecteurs de ce livre !
Voyons donc à présent comment développer ses compétences.

Pour les compétences

• Perfectionner sa capacité de déduction logique s'obtient en s'habituant à résoudre de petits problèmes logiques, par exemple ceux que vous trouverez dans des éditions ou collections de poche (chez Hachette/Marabout ou Les Editions d'Organisation, en particulier). Etre logique, c'est aussi être capable de bien situer le champ d'une question.

• Bien situer le champ d'une question se fait en prenant l'habitude de toujours replacer les questions ou données dans leur contexte spatio-temporel (contexte historique, géographique...) et disciplinaire (la physique par exemple). Il faut systématiquement chercher à replacer chaque problème dans le triptyque époque/discipline/grands noms.

• Ne pas se laisser déstabiliser, cela s'apprend : il faut contrôler ses émotions. Cela ne signifie pas les réprimer toujours, mais les réguler, essentiellement en dédramatisant (là aussi, en replaçant les choses dans leur contexte, en se situant par rapport aux autres). A partir de là, on devient capable de gérer son stress, c'est-à-dire d'en tirer le meilleur et d'éviter ses pires aspects.
Dans cette perspective, on se référera avec profit au site internet créé par David Servan-Schreiber, dans la ligne de ses recherches pour son ouvrage *Guérir* (aux éditions Robert Laffont) : www.guerir.fr

• Etre capable de se concentrer, cela se développe avec les activités sportives, le yoga, mais aussi le jeu d'échecs, le jeu de go... On prend ainsi l'habitude de développer son attention, de la diriger vers un champ très précis et de façon intense.
Attention : savoir se concentrer, cela suppose de savoir aussi se détendre, se décontracter, en laissant flotter son esprit et ses sensations, comme on apprend à le faire en relaxation.

• Savoir éviter les confusions, c'est tout simplement ne pas être trop impulsif : ne pas se précipiter, prendre ne serait-ce que dix secondes de réflexion (et dix secondes bien employées). C'est également travailler à se doter d'une mémoire fiable, loin des à-peu-près et des approximations, en retenant des données mises en ordre (cf. ci-dessus : bien situer le champ d'une question). Il importe que l'ordre en question soit le vôtre, choisi par vous de manière à pouvoir retrouver ce qui a été mémorisé (en particulier en associant les données retenues et vos centres d'intérêt, votre vie personnelle).

A ne pas faire

• Compter sur la chance ou sur sa bonne étoile pour bien répondre à une question : on n'est pas au Loto ! Statistiquement, vous avez très très peu de chances (justement) de tomber juste.

• Retenir des listes de noms ou d'œuvres par cœur : quel ennui ! Et en général, lorsque vous êtes « sur le gril », ces noms sont impossibles à retrouver.

• Décréter que vous êtes nul(le) en culture générale : pour qui vous prenez-vous ? Certes, Socrate a dit « *je ne sais qu'une chose c'est que je ne sais rien* »... mais c'était certainement parce que quelqu'un le lui avait dit !

Notes

Notes

Notes

Notes

Notes

Notes

Notes

Notes

Notes

Notes

Notes

Notes

Notes

No

Notes

Notes

34/38, rue Camille-Pelletan - 92309 Levallois-Perret cedex
Imprimerie Corlet - 14110 Condé-sur-Noireau - N° 84838
Imprimé en France - 2e trimestre 2005

Responsable d'édition : Elsa Goisnard
Assistante d'édition : Alice Chazerand & Manuella Guillot
Conception graphique : Studyrama

Dépôt légal à parution
ISBN 2-84472-611-9